Erweiterte Hacks

für Twitch

Inhalt

Der Streaming-Trend ist heutzutage eine der bevorzugten Modalitäten, da es sich um eine interaktivere Form der Präsentation von Inhalten handelt. Der beste Vorschlag für diese Art von Inhalten ist Twitch, eine interessante Plattform, die immer mehr Funktionen hinzufügt, um jeden Account zum Strahlen zu bringen.

Den Service und die Optionen, die diese Plattform für jedes Konto anbietet, sollten Sie kennen, entweder um jede Unterhaltungsalternative zu genießen oder um ein Konto zu gründen, mit dem Sie Ihren Benutzer anerkennen lassen und gleichzeitig Geld verdienen können, so dass Sie über die grundlegendsten und fortgeschrittensten Daten dieses Mediums verfügen werden.

Das Aufkommen von Twitch

Die Entwicklung von Twitch begann im Jahr 2011. Von diesem Moment an begann ein erfolgreicher Weg, abgesehen von der Tatsache, dass es eine sekundäre Streaming-Option hinter YouTube war, gewann es im Laufe der Zeit einen viel prominenteren Platz unter den Nutzern, insbesondere mit der Unterstützung von Amazon, das diese Plattform nach ihrer Entwicklung erwarb.

Twitch wird als Plattform für Videospiele definiert, denn da es sich um einen idealen Ort für das Streaming handelt, erstellen immer mehr Gamer einen Kanal auf Twitch, vor allem, weil es viele Inhalte über ein Spiel oder ein anderes Thema zu verwerten gibt, so dass es immer noch möglich ist, ein Konto zu erstellen und zu vergrößern.

Dieser Streaming-Dienst erfreut sich auch bei Kindern großer Beliebtheit. Die Ursprünge der Plattform haben viel damit zu tun, dass sie das Streaming für alle möglichen Zwecke vorantreibt, sei es für Blogs, Musik, Kochen und so weiter, obwohl das beliebteste Thema Videospiele sind.

Die Stärke von Twitch liegt im E-Sport, da E-Sport eines der ersten Inhaltsangebote war, das bis zu diesem Punkt zunehmend konsolidiert wurde, was es zu einem idealen Ort für Übertragungen von Videospielen, unabhängig vom Genre, macht.

Twitch selbst glänzte zusätzlich zu seinen Streaming-Angeboten durch die Einbeziehung eines direkten Chats, so dass die Streamer während der Entwicklung der Sendung ein Feedback erhalten können, wodurch eine Verbindung mit den Nutzern oder Fans in Echtzeit geschaffen wird, wodurch das Gefühl entsteht, gehört zu werden oder zuzuhören, um eine Verbindung zwischen Streamer und Fan herzustellen.

Die Gründung von Twitch war Teil eines Angebots von Justin.tv, einem Dienst mit großer Ähnlichkeit zu YouTube, dessen Stärke jedoch im Live-Streaming lag, da die anderen Dienste in dieser Kategorie Videos nur zeitversetzt streamen. 2014 änderte Justin.tv jedoch seine Organisation in Twitch Interactive.

Diese Art von Veränderung war eine Reaktion auf die enorme Popularität und die Menge an Datenverkehr, die Twitch überträgt. Noch im selben Jahr schaffte es die Plattform in die Top vier der Plattformen mit dem höchsten Online-Verkehr, was dazu führte, dass sie regelmäßig 50 Millionen Besucher pro Monat erreichte.

Angesichts dieses Phänomens wurde das Interesse von Amazon geweckt, bis hin zum Kauf der Plattform. Diese finanzielle Operation wird auf 800 Millionen Euro geschätzt, und seit diesem Kauf hat Twitch nicht aufgehört zu wachsen, auf dem gleichen Niveau wie die Zahl der Besuche zugenommen hat und Funktionen in gleicher Weise hinzugefügt wurden.

Eine der neuen Funktionen ist, dass die Nutzer den Streamern, die sie wollen, Tipps geben können. Außerdem können sie bezahlte Inhalte für die Gemeinschaft der

Premium-Nutzer erstellen und fördern und sich so als anerkannter Streaming-Dienst in 202 positionieren, der YouTube Gaming übertrifft und beiseite lässt.

Mit bis zu 15 Millionen Nutzern, die sich täglich einen der 3,8 Millionen Kanäle ansehen, ist Twitch ein echtes Zuschauermagnet, so dass die Einrichtung eines Kontos auf dieser Plattform eine wichtige Voraussetzung für die Bereitstellung von Inhalten auf diesem Niveau ist.

Finden Sie heraus, wie Sie auf Twitch zugreifen können

Wenn Sie bei Twitch mitmachen wollen, müssen Sie sich zunächst auf der Website anmelden oder die Anwendungen für ein mobiles Gerät oder eine Konsole verwenden. Auf dieser Plattform können Sie auch Inhalte ansehen, ohne sich zu registrieren, aber um am Chat mit den Streamern teilzunehmen, müssen Sie ein Konto haben.

Die Vorteile eines Twitch-Kontos sind wesentlich, vor allem, weil Sie Benachrichtigungen erhalten können, wenn ein Live-Stream übertragen wird und es sich um einen beliebten Streamer handelt. Daher ist die Erstellung eines eigenen

Kanals eine gute Entscheidung, die Sie in Betracht ziehen sollten.

- **Finden Sie heraus, wie Sie Kanäle auf Twitch finden**

Wenn du dich bei Twitch anmeldest, kannst du eine Menge interessanter Kanäle sehen. Auf der Hauptseite oder in der Sektion siehst du die Kategorien, die gerade angesagt sind, normalerweise ist die dominierende Kategorie Videospiele, wobei Genshin, League of Legends und Rust am beliebtesten sind.

Jede Saison oder Neuerung dieser Spiele wird von Streamern genutzt, die auf dieses Thema spezialisiert sind. Wenn Sie keine dieser Kategorien sehen möchten, können Sie auf "Erkunden" klicken, um ein breites Verzeichnis von Themen zu sehen, denn neben den Spielen gibt es auch ein gutes Angebot an Inhalten.

Eine der kuriosesten oder meistbesuchten Kategorien ist die des Chats oder der Diskussion über ein bestimmtes Thema. Einige Konten erstellen sogar einen festen Zeitplan, um ihre Interviews als eine Art Nachrichtensendung oder Debatte zu präsentieren, die von den Nutzern erwartet wird - eine viel interaktivere Art im Vergleich zu Radio oder Podcasts.

Die Themen werden im Rhythmus des Chats behandelt oder präsentiert, auf der anderen Seite kann man entdecken, was die Welt von Twitch bietet, wo die Konten, die Reisen erzählen oder sind Teil dieses Themas auch glänzen, das sind direkt, die versuchen, Erfahrungen zu teilen, ist dies ein Zeichen dafür, dass nicht alles ist Gaming-Inhalte.

Eine weitere interessante Kategorie ist Talkshows und Podcasts, um alle Arten von Programmen zu entwickeln, und in der Rubrik Kunst werden die Künstler gezeigt, wie sie Schritt für Schritt ein Projekt erstellen. Das Gleiche geschieht in der Kategorie Musik, wo die Künstler ihre Songs live senden und Wünsche erfüllen oder Fragen beantworten.

Abgesehen von der Art der Inhalte, die Sie auswählen, können Sie ein System von Tags verwenden, um Ihre Suche zu filtern und zu spezialisieren. Dies sind Wörter in Grau unter den Live-Streams, wenn Sie darauf klicken, ordnet die Website selbst die Streams neu an, die mit diesem Tag zusammenhängen.

Eine weitere Möglichkeit, auf dieser Plattform zu suchen, ist die manuelle Suche über die Suchmaschine. Sie müssen auch auf die Tags achten, die gerade angesagt sind, für jede Art von Kategorie finden Sie zwei Unterteilungen, zwischen

Video und Clip, diese bieten zeitversetzte Inhalte, wie z.B. Live-Aufnahmen von früheren Terminen.

Das bedeutet, dass Sie, wenn Sie einen Stream verpasst haben, die Möglichkeit haben, ihn noch einmal zu erleben. Der Unterschied zwischen diesen Abschnitten besteht darin, dass es sich bei "Videos" um vollständige Sendungen handelt, die bis zu zwei Stunden lang sein können, während es sich bei Clips um kurze Ausschnitte handelt, die als Highlights präsentiert werden und manchmal von Fans erstellt werden.

Auf Twitch gibt es viel zu entdecken, denn die Plattform lässt sich vielseitig nutzen, die Autoren von Inhalten haben die Möglichkeit, innovativ zu sein, und es sind Kanäle entstanden, die eng mit der Erläuterung und Diskussion von Politik verbunden sind.

- **Was Sie tun können, während Sie eine Live-Aufführung genießen**

Wenn Sie einen Kanal ausgewählt haben, der Ihnen gefällt, können Sie auf "Folgen" klicken, ein Symbol in Form eines lilafarbenen Herzens, so dass er an Ihre Liste angehängt wird, damit Sie Benachrichtigungen erhalten, z. B. eine

Mitteilung, dass Twitch sendet, wenn der Kanal das nächste Mal live geht.

Wenn Sie irgendwann keine Benachrichtigungen mehr erhalten möchten, schalten Sie einfach die Glocke aus, oder wenn Sie es bereuen, einem Kanal zu folgen, klicken Sie einfach wieder auf das Herz. Wenn Sie einen Nutzer kennen, dem der Kanal gefallen könnte, klicken Sie einfach auf das Pfeil-nach-oben-Symbol.

Über dem Tablett befindet sich die Option, einen Kanal zu empfehlen, so dass sich Alternativen ergeben, die URL zu teilen, um sie in sozialen Netzwerken oder anderen Medien zu posten, ebenso können Sie, wenn ein Inhalt gegen die Regeln der Plattform verstößt, wie z. B. rassistische Kommentare, sexuelle Inhalte und andere, den Ersteller anprangern.

Auf der rechten Seite sehen Sie die Chat-Optionen, Sie müssen dem Kanal im Voraus folgen, dann klicken Sie auf "Nachricht senden", so können Sie schreiben und senden, was Sie wollen, solange Sie nicht gegen irgendwelche Regeln verstoßen, in diesem Modus können Sie Emojis verwenden, indem Sie auf das Gesicht klicken.

Diese Optionen bewirken, dass du die am häufigsten verwendeten Emojis sehen kannst, genauso wie du die Emojis dieses Chats oder jede andere Art von Ausdruck anpassen kannst, aber wenn sie mit Vorhängeschlössern versehen sind, bedeutet das, dass du dem Kanal folgen und ihn abonnieren musst, um ihn nutzen zu können; falls dich der Chat zu sehr stört, kannst du auf den Pfeil klicken, um ihn zu minimieren.

Wenn du im Laufe des Chats auf jemanden triffst, der dir gefällt, kannst du ihm folgen, indem du auf seinen Namen klickst. Du kannst entweder auf "Freund hinzufügen" oder "Flüstern" klicken, wobei du normalerweise zuerst "Flüstern" wählst, damit du die Möglichkeit hast, eine Nachricht zu senden und dich vorzustellen, damit ihr euch gegenseitig hinzufügen könnt.

Wenn Sie auf das kleine Personensymbol oberhalb des Chats klicken, wird eine Liste von Nutzern angezeigt, aus der Sie den gewünschten Kontakt auswählen können.

Wertvolle Inhalte in Twitch-Streams angeboten

Wenn man sich überlegt, welche Art von Wert man auf Twitch schaffen und anbieten kann, ist es einfach, die gesamte Plattform zu durchstöbern, um eine Vorstellung davon zu bekommen, was angeboten wird.

Der Gedanke, dass viele Menschen zusammenkommen, um Streaming zu genießen, hilft Ihnen dabei, Inhalte zu erstellen, die diese Erwartungen erfüllen, vor allem, wenn verschiedene Faktoren diese Art von Plattform bevölkern. Normalerweise sind die Kanäle, die die meiste Aufmerksamkeit erhalten, diejenigen, die Demos oder Vorabversionen der beliebtesten Spiele zeigen.

Call of Duty-Fans interessieren sich vielleicht für Streamer, die ein Gameplay oder einen Trick zu diesem Thema zeigen. Wenn man sich Gameplays anschaut, ist das eine gute Hilfe, um Zweifel an einem Spiel auszuräumen, aber wenn man Zweifel hat, dass dies die eigene Stärke ist, sollte man einen anderen Weg einschlagen.

Das Wichtigste ist, dass Sie alles über das Thema wissen, über das Sie berichten wollen. Deshalb ist es ein breites Engagement, denn Ihr Konto soll Ihnen helfen, mehr über dieses Thema zu erfahren, ohne an Geld oder Ruhm zu denken, und es soll ein Thema sein, das Ihnen Spaß macht.

Es ist nicht ratsam, mit einer hohen Investition zu beginnen, sondern es mit wertvollen Optionen zu versuchen, die Ihnen helfen, einen guten Start zu haben, um das Niveau zu erhöhen, bis Sie eine Gemeinschaft schaffen, die Ihnen folgt, das Wichtigste ist, die Entscheidung zu treffen, sich vorzubereiten und bei diesem Thema kreativ zu sein, um das Beste daraus zu machen.

Um sich nicht zu überflüssig zu machen, darf man die Notwendigkeit nicht aus den Augen verlieren, ein kreatives Thema zu etablieren, bei dem auch die eigene Persönlichkeit ein Anziehungspunkt ist, denn der Inhalt wird nicht nur durch den Titel ausgewählt, sondern auch durch das, was der Streamer übermittelt, denn die Absicht ist, dass der Nutzer eine gute Zeit haben kann und vor allem, dass er interagieren kann.

Erfolgreich auf Twitch zu werden, ist möglich, wenn man sich auf Charisma beruft, es ist eine Art, mit der Persönlichkeit zu spielen, um die bestmögliche Präsentation zu liefern, weshalb es erwähnt wird, dass es eine Reihe von Faktoren ist, um ein berühmter Online-Streamer zu werden.

Erfahren Sie mehr über die Prime Gaming-Zahlung oder das Kanalabonnement

Wenn Ihnen die Twitch-Plattform immer besser gefällt, werden Sie ein kostenpflichtiges Abonnement abschließen wollen. Allerdings kann man sich fragen, ob sich die Investition lohnt oder nicht, daher sollten Sie wissen, dass das Hauptabonnement, aus dem Sie aussteigen können, Twitch Gaming heißt, aber ursprünglich Twitch Prime hieß.

Diese Art der Bezahlung bietet verschiedene Vorteile, aber das bedeutet nicht, dass die kostenlose Version keine Vorteile bietet, denn wenn Ihnen ein Kanal gefällt, können Sie ihn genießen, ohne den Ersteller bezahlen zu müssen, während die kostenpflichtige Version auf eine Exklusivität verweist, die Sie auf andere Weise nicht erhalten.

Die Prime-Modus boomt, vor allem, weil die Zahlung auf Amazon Prime seit 2014, dass dieses Unternehmen kaufte die Plattform enthalten ist, bedeutet dies, dass, wenn Sie Amazon Prime haben Sie auf Prime Gaming zählen können, diese Art von Abonnement allein hat eine Kosten von 4 Euro pro Monat.

Diese Art von Angebot ist ideal für alles, was es bietet, aber meistens ist es kostengünstiger, Amazon Prime für die zusätzliche Twitch-Prämie zu kaufen, auf der anderen Seite gibt es die einzelnen Abonnement-Angebote, das Wichtigste, was man vorher wissen sollte, ist, dass man ein breites Angebot auf jedem Kanal finden wird.

Jeder Kanal kann auch ein monatliches Abonnement anbieten, so dass Sie zahlen können, um mehr Vorteile zu erhalten, und jedes dieser Abonnements ist dafür verantwortlich, eine Reihe von Innovationen über den Kanal und den Inhalt zu teilen oder anzubieten, vor allem die Tatsache, dass keine Werbung während der Sendungen erscheint.

Der exklusive Chat ist eine Option, die nicht für jedermann verfügbar ist, das gleiche gilt für den Katalog von Videos, die nur für diese Art von Abonnenten bestimmt ist, sind die anderen Vorteile aufgrund einer Design-Frage, zusätzlich zu den verschiedenen Emojis, die angepasst werden können freigeschaltet werden.

Die kostenpflichtige Registrierung eines Kanals ist eine Demonstration der Sympathie für die Erstellung von Inhalten, die gemacht wird, vor allem, wenn Sie schauen, um eine finanzielle Unterstützung für die Produktion dieser Videos fortzusetzen, das ist, was motiviert die Nutzer zu zahlen, das ist mehr für die Bewunderung als für jede Wahl der Nutzen.

Das von Twitch gebotene Sicherheitsniveau

Indem Sie Twitch als eine Ihrer Lieblingsplattformen festlegen und zu Ihrem Browser hinzufügen, können Sie Profileinstellungen vornehmen. Bevor Sie jedoch ästhetische Änderungen vornehmen, sollten Sie sich mit dem Bereich Sicherheit und Datenschutz vertraut machen, da es sich um eine Plattform handelt, auf der einige Hacker auftauchen können.

Vorbeugung ist auf jeder Plattform eine gute Sache. Ein erster Schritt besteht darin, ein langes Passwort zu erstellen, das aus Großbuchstaben, Kleinbuchstaben, Zahlen und einem Satzzeichen besteht - für viele ein Ärgernis, aber die beste Garantie dafür, dass Sie kein leichtes Ziel für Hacker sind.

Auf der anderen Seite können Sie eine zweistufige Authentifizierung einrichten, die als Schutz vor der Anmeldung fungiert, so dass jemand, der versucht, auf Ihr Konto zuzugreifen, dies nicht tun kann, da er sogar einen Code zur Änderung des Passworts erhält.

Abgesehen von den Hacks stellt sich immer wieder die Frage nach der Art der Inhalte, die für Kinder oder Minderjährige gepostet werden können. Sie sollten jedoch wissen, dass Twitch keine Plattform ist, die für die Aufnahme von Minderjährigen geschaffen oder konzipiert wurde, auch wenn es eine ernsthafte Politik der Moderation von Inhalten gibt, damit diese nicht gewalttätig oder anstößig sind.

Aber einige der Inhalte können etwas durchsickern lassen, das für Kinder ungeeignet ist, und die meisten Spiele gehören zur Kategorie Gewalt, und zusätzlich zu den Inhalten gibt es auch das Risiko, das durch Chats entsteht, da sie Zugang zu Chats mit Fremden haben und einige private Nachrichten senden können.

In solchen Situationen hat die Plattform Optionen, um Nutzer und Kanäle zu sperren, aber die Realität ist, dass es sich um eine Plattform handelt, die für Kinder unter 13 Jahren nicht empfohlen wird, so dass sie sie nicht nutzen sollten, falls sie Lieblingsspieler haben, ist es am besten, dass sie sie auf YouTube durch ihre Ausschnitte sehen.

Die verschiedenen Themen auf Twitch

Jeder Gaming-Enthusiast weiß, was Twitch zu bieten hat, aber es sind alle möglichen Inhalte entstanden, die von der

Community, die wiederum Streaming-Inhalte bevorzugt, gelobt werden, und das wird von Jahr zu Jahr mehr, vor allem bei den Veranstaltungen, die jedes Jahr stattfinden.

Immer mehr Menschen in der Welt betreten Twitch aus verschiedenen Gründen, aus diesem Grund ist es ein Raum zu betreten und ein Konto haben, weil, wenn Sie ein Liebhaber von Videoübertragungen sind dies eine Gelegenheit, Ihr Talent zu zeigen, vor allem, um die Vorteile der übermäßigen Wachstum, dass diese Plattform ist mit zu nehmen.

Die globale Community von Twitch steht jedem Nutzer zur Verfügung. Deshalb wird Twitch als soziales Netzwerk eingestuft und erreicht damit das gleiche Niveau wie Facebook, Instagram und sogar YouTube, und seine globale Qualität ist darauf zurückzuführen, dass Amazon darauf drängt, dass jeder Spieler für Nutzer, die interagieren können, live streamen kann.

Lernen Sie die Schritte zum Erstellen eines Twitch-Kontos

Um ein Konto auf Twitch zu erstellen, müssen Sie nur ein paar einfache Schritte befolgen, durch die Sie die volle

Funktionalität dieser Plattform nutzen können, die Schritte sind wie folgt:

1. Melden Sie sich bei https://www.twitch.tv/ an.
2. Klicken Sie auf die Ecke, in der die Option "Registrieren" erscheint.
3. Füllen Sie die angeforderten Felder mit Ihren persönlichen Daten aus, d. h. geben Sie Ihren Benutzernamen, Ihr Passwort und Ihr Geburtsdatum ein.
4. Wählen Sie E-Mail als Kontaktform.
5. Sie können die Vorteile der Verbindung der Plattform mit Facebook nutzen, so dass Sie mit Facebook beginnen können.

Sobald Sie diesen kurzen Prozess durchlaufen haben, können Sie über ein funktionierendes Konto verfügen, mit dem Sie im Laufe der Zeit senden und an Popularität gewinnen können, indem Sie jede der Optionen der Plattform nutzen.

Wie Twitch funktioniert

Ein Twitch-Konto einzurichten und Ihre Twitch-Alternativen zum Laufen zu bringen ist einfach, aber die ersten Schritte, die Sie ernsthaft unternehmen sollten, bestehen darin, vollständig zu verstehen, wie diese Art von Plattform funktioniert, so dass die von Ihnen präsentierten Inhalte alle Erwartungen übertreffen können.

- **Twitch erforschen**

Mit dieser Option können Sie als neuer Nutzer alles kennen lernen, was Sie auf dieser Plattform finden können. Klicken Sie einfach auf die Schaltfläche "Erkunden", um Zugang zu einer umfangreichen Liste von Kategorien zu erhalten, die Ihnen die verfügbaren Inhalte präsentiert, die Sie sich ansehen können.

Auf der Titelseite jedes Titels können Sie sich die Anzahl der Online-Nutzer genau ansehen. So können Sie auf die Titelseite des Spiels klicken, um zu sehen, wer zu diesem Thema streamt, und Sie können im Menü "Anzeigen" von den Kategorien zu den Live-Kanälen wechseln, die nach der Anzahl der Besucher sortiert sind.

- **Die Kanäle, denen Sie folgen**

Dies ist eine Liste der Kanäle, die Sie abonniert haben, wo Sie Zugang zu den Nutzern haben, die "Offline" sind, wenn sie nicht online sind, oder zu denen, die gerade senden. Wenn sie gerade online sind, bedeutet das, dass sie aktiv sind.

- **Ausgewählte Kanäle**

Das sind Twitch-Kanäle, denen man folgen kann, weil sie in der Community am beliebtesten sind. Es ist eine Art Vorschlag für die Themen, denen man folgt, so dass man die prominentesten Accounts in diesem Umfeld auswählt.

- **Gameplay, Swag und andere Details zu Twitch Prime**

Diese Art von Angebot entspricht den wöchentlichen Belohnungen, so dass Sie Spenden und andere Monetarisierungsmöglichkeiten erhalten können, die Twitch Prime bietet.

- **Benachrichtigungen**

Sie können über das Glockensymbol aktiviert werden. Auf diese Weise erhalten Sie Benachrichtigungen über alle Änderungen, die auf der Plattform vorgenommen werden, z. B. neue Abonnenten, Erfolge und andere Arten von Nachrichten über die Kanäle, denen Sie folgen, oder andere Nachrichten dieser Art.

- **Bits erhalten**

Bits werden als Belohnungssystem verwendet, das man kaufen kann, um es mit seinen Lieblingsschöpfern zu teilen oder zu verwenden; diese Art von Belohnungssystem ist ein Anreiz auf wirtschaftlicher Ebene.

- **Profilwerkzeuge und -funktionen**

Hier finden Sie alle Funktionen, Tools, Konfigurationen und andere Einstellungen über das Bedienfeld zur Verwaltung Ihres Twitch-Kontos.

Twitch Prime und alles, wofür es steht

Der Betrieb von Twitch Prime bedeutet eine Premium-Version dieser Plattform. Diese Version hilft Ihnen, eine ganze Reihe von Geschenken zu erhalten, die mit jedem Fortschritt freigeschaltet werden, zusätzlich zur Gewährung und Gestaltung exklusiver Inhalte, aber das Beste ist der Genuss der Inhalte ohne jegliche Werbung.

Da Twitch zu Amazon gehört, wird es durch den Kauf von Amazon Prime- oder Prime Video-Konten mit Twitch Prime-Inhalten angeboten, dies geschieht automatisch.

Lernen Sie, wie man auf Twitch streamt

Es handelt sich um eine Übertragung, wie sie auf YouTube oder Facebook Live stattfindet, sie kann auch über OBS durchgeführt werden, dies ist einfach und Sie müssen nur eine Konfiguration befolgen, die auf den ersten Blick komplex erscheinen mag, aber wenn Sie diese Schritte befolgen, können Sie die Übertragung durchführen:

1. Melden Sie sich bei OBS Studio an, das zuvor heruntergeladen werden muss.
2. Klicken Sie auf "Datei" und dann auf "Konfiguration", bis Sie die Schaltfläche "Ausstellen" erreichen.
3. Als Nächstes müssen Sie die Art der Übertragung auswählen, indem Sie auf Relay Service klicken.
4. Klicken Sie im Bereich "Dienste" auf "Twitch".
5. Über den Server können Sie die Option "Automatisch" eingeben.
6. Dort, wo Broadcast Key steht, müssen Sie den Broadcast Key des Twitch-Kanals einfügen.

Um die Broadcast-Taste zu finden, müssen Sie nur in Ihrem Twitch-Konto anmelden, dann in der Ecke, wo Ihr Benutzername erscheint, müssen Sie klicken, das nächste, was ist, um das Bedienfeld zu geben, und geben Sie die

Einstellungen auf "Kanal" klicken, so können Sie wählen, um die wichtigsten Broadcast-Taste zeigen.

Es ist wichtig, dass Sie den von der Plattform herausgegebenen Hinweis lesen, damit Sie mit allen Bedingungen einverstanden sind und auf "verstanden" klicken, dann müssen Sie ihn nur noch kopieren, um ihn in OBS zu verwenden.

Merkmale des Twitch-Bedienfelds

Das Twitch-Kontrollpanel ist einer der wichtigsten Punkte, die es zu beachten gilt, da diese Streamer-Plattform mehrere Vorlieben bei der Übertragung hat. Aus diesem Grund verfügt sie über einen umfangreichen Konfigurationsservice, man muss nur auf die einzelnen Optionen achten, um das Beste aus dem Kanal herauszuholen, diese Optionen sind nützlich.

Durch eine bestimmte Auswahl können Sie über Twitch Geld verdienen, das verleiht diesen Schritten mehr Relevanz, daher sollten Sie die folgenden Grundeinstellungen entdecken:

1. **Live**

In diesem Bereich finden Sie die Informationen über die Sendung, den Titel der Sendung, die Benachrichtigungen über die Ereignisse während der Live-Übertragungen, die Kategorie, zu der der Inhalt gehört, bis hin zu den Tags und der Sprache.

2. Titel

Sie haben 140 Zeichen zur Verfügung, um einen Titel für die Sendung einzugeben. Versuchen Sie also, ihn so zu gestalten, dass er eingängig ist, um Nutzer zu gewinnen, denn so können Sie viele Menschen anziehen.

3. Live-Benachrichtigungen

Es handelt sich um eine Art von Nachricht, die den Followern angezeigt wird, wenn Sie live senden, aber es ist am besten, diese Gelegenheit zu nutzen, um einen kreativen Aufruf zum Handeln zu formulieren, der zu Ergebnissen führt. Zu diesem Zweck können Sie einen Text mit 140 Zeichen erstellen.

4. Kategorie

Dieses Detail ist wichtig, denn wenn Sie eine andere Kategorie wählen, die nichts mit dem Thema zu tun hat, werden Sie nicht die richtigen Besucher bekommen, da diese

Ihren Inhalt nicht finden werden, weil er an der falschen Stelle steht.

5. Tags

Tags sind ein entscheidender Punkt, der jedoch von den meisten Twitch-Nutzern unterschätzt wird. Dabei können sie Ihr Konto weiterbringen, indem sie ihm die Aufmerksamkeit schenken, die es verdient, indem sie zur Beschreibung des Streams oder indirekt über die Kategorie verwendet werden.

Die meisten Zuschauer nutzen sie, um Streams zu finden, die für sie von Interesse sind, da sie als eine Art Filter fungieren, um die gesuchten Inhalte aus einem breiten Katalog herauszufiltern.

Twitch ist für die Verwaltung der Tags zuständig, da es versucht, eine verfügbare Auswahl zu bieten, aber Sie haben die Möglichkeit, einige anzupassen und hinzuzufügen, je nach dem Feedback, das Sie erhalten, und je nach Art der Inhalte, die Sie übertragen.

Idealerweise sollten die Tags die gleichen Bestrebungen der Gemeinschaft verfolgen, so dass Sie sogar eine bestimmte Art von Tag einschließen können. Um das geeignete Tag zu wählen, können Sie einige Vorschläge befolgen oder die verfügbaren Tags zu dem Thema recherchieren, das in den von Ihnen produzierten Sendungen eine Rolle spielt.

Tags befinden sich neben der Miniaturansicht oder dem Auszug des Videos, d. h. sie müssen sowohl mit dem Titel des Videos als auch mit der Kategorie übereinstimmen, damit Sie die gewünschte Aufmerksamkeit erhalten; im Falle von Verzeichnisseiten ist dies ein Bereich, in dem die Betrachter Tags zum Filtern von Kategorieverzeichnissen verwenden können.

Je nachdem, wonach die Nutzer suchen, können sie mit den von Ihnen gesetzten Tags erreicht werden, d. h. wenn ein Nutzer nur Kunst platziert und Sie die Aufmerksamkeit von Menschen mit dieser Vorliebe auf sich ziehen wollen, sollte der Tag natürlich aus diesem Wort bestehen, obwohl Sie benutzerdefinierte Empfehlungen als System verwenden können, bei dem Tags geschätzt werden.

Bei der Empfehlung neuer Sendungen entsprechend der Art des Sehverhaltens, das Sie haben, sollten Sie dem Tag folgen oder den Tag verwenden, der in der Community, die Sie erreichen wollen, am häufigsten vorkommt, d. h., der Sie für deren Vorlieben besser geeignet macht; dasselbe gilt für die Tags, nach denen am häufigsten gesucht wird.

Das Einfügen von Tags hat viel mit Live-Sendungen zu tun, da sie über dem Abschnitt mit den Sendeinformationen eingefügt werden. Dies geschieht über das Live-Kontrollpanel und kann sowohl von den Kanalbesitzern als auch von den Redakteuren durchgeführt werden.

Einige Tags werden automatisch zusammen mit der Sprache hinzugefügt. Wenn Sie die Sprache ändern möchten, müssen Sie die Live-Sendung im Live-Kontrollpanel eingeben, die Einstellung der Tags muss wie bei den Titeln aktualisiert werden, da ihre Funktion darin besteht, die aktuelle Sendung zu beschreiben, wenn der Sender eine Live-Sendung ausstrahlt.

Wenn Sie live über eine Broadcasting-Software eines Drittanbieters senden, dürfen Sie nicht vergessen, die entsprechenden Tags über das Live-Kontrollpanel einzubinden, oder Sie bitten einen Channel-Editor, sich um diese Funktion zu kümmern.

Die Gestaltung der Tags soll dem Zuschauer helfen, den idealen Inhalt zu finden. Je nach seinen Interessen kann er auf genau das stoßen, was er sucht, und diese müssen nicht mit einer bestimmten Kategorie oder einem bestimmten

Thema verknüpft sein, was Ihnen die Freiheit gibt, einen Tag zur Beschreibung der Sendung zu erstellen.

Das bedeutet, dass Sie trendige Inhalte ausstrahlen können, ohne dass das Video zu dieser Kategorie gehören muss. Wichtig ist, dass Sie Zeit und Mühe auf die Beschreibung der Sendung verwenden, immer mit einer objektiven Sichtweise, damit die Inhalte ohne Probleme empfohlen werden können und sich an die für Sie richtigen Zuschauer richten.

Wenn Sie Spiele oder Inhalte posten, die wettbewerbsfähig sind, sollten Sie kein Tag mit der Aufschrift "spannend" hinzufügen, da der Inhalt sonst nicht über dem Abschnitt oder der Liste der vorgestellten Videos angezeigt wird.

6. Sprache

Die Sprache, die in den meisten Optionen erscheint, geht Hand in Hand mit der Sprache, die Sie für Ihre Sendung verwenden. Sie können auch die Sprache auswählen, die für Ihre Nationalität geeignet ist, und wenn Sie eine bestimmte Sprache einstellen, können Sie den Zugang zur Sendung für diese spezifische Sprache generieren.

Wenn man die Sprache richtig einstellt, kann das Konto effektiv und ohne großen Zeitverlust gefunden werden - ein nicht zu unterschätzendes Detail.

7. Erweiterungen

Erweiterungen sind verschiedene Anwendungen oder Plugins, die installiert werden, um Anpassungen an den Sendungen vorzunehmen, so dass der Kanal ein höheres Maß an Wert erhalten kann, denn es gibt eine Vielzahl von Erweiterungen, um Ihre Ziele zu erfüllen, so dass Sie die eine, die Ihren Bedürfnissen entspricht finden können.

8. Errungenschaften

Eine Plattform wie Twitch bietet auch Anreize, wie z. B. einige Achievements, d. h., wenn Sie bestimmte Schritte abgeschlossen haben, können Sie einige Funktionen der Plattform freischalten, oder Sie können sie einfach als Ablenkung nutzen.

9. Veranstaltungen

Bei den Veranstaltungen handelt es sich um solche, die nach dem gleichen Prinzip funktionieren wie die von Facebook organisierten, für die normalerweise ein Foto mit dem Titel, der Beschreibung der Veranstaltung, dem Anfangs- und

Enddatum, der Sprache, in der die Veranstaltung stattfindet, und sogar der Kategorie veröffentlicht wird. Diese Veranstaltungen sind im Allgemeinen interessant und bieten gleichzeitig eine Gelegenheit, einen Start zu machen.

10. Tätigkeit

Die Aktivität ist ein Faktor, in dem alle ausgeführten Funktionen oder Schritte zusammengefasst werden, d. h., was Sie auf Twitch tun, wird in diesem Abschnitt wiedergegeben, er basiert auf einer Historie des Kontos, so dass Sie die Änderungen, Neuübertragungen und jede andere Art von Aktivität berücksichtigen können, wie der Name schon sagt.

11. Übertragungswerkzeuge

Diese Tools sind Programme, mit denen Sie Ihre Live-Übertragungen erstellen und einrichten können. Es gibt sie in allen erdenklichen Formen, von kostenpflichtig bis kostenlos, am häufigsten wird OBS verwendet, mit dessen Funktionen Sie sich vertraut machen müssen, um sie optimal nutzen zu können.

Ein wichtiger Schritt besteht darin, sich die neueste Version des OBS zu besorgen, in der Sie Abschnitte zum Testen sowie die Schriftarten finden, die Sie während der Aufzeichnung verwenden werden. Es wird daher empfohlen, diese Schritte im Voraus zu erledigen, damit Sie bei der Aufzeichnung alles im Griff haben.

Es gibt auch eine Browser-Show-Option, mit der Sie eine Art Bildschirmfoto einfügen und den Audio-Eingang der Sendung überprüfen können - alles vorbereitende Details, um die Art des Videos oder der Inhalte zu veranschaulichen, die Sie erstellen wollen.

Die Software zielt darauf ab, das gleiche zu projizieren, wie Sie hinter dem Bildschirm zu beobachten sind, sowie dazu beitragen, die Verwendung von Hardware wie das Mikrofon zu verwalten, das Bild der Sendung können Sie verringern und zu erweitern, wie es am besten für das Video, eine andere neugierig Funktion ist es, die Audio-und Game-Server zu erfassen.

Wenn Sie das Spiel starten, kümmert sich dieses kostenlose Programm um die Erfassung aller Arten von Details, es kann das Spiel erkennen, um die am besten geeigneten Einstellungen anzuwenden, die Webcam-Verwaltung ist nützlich, wenn es um die Übertragung geht, dies ist eine Möglichkeit, die volle Kontrolle über die Aufnahme zu haben.

Szenen können zum Zeitpunkt der Aufnahme des Videos hinzugefügt werden, und Sie können Bilder, um eine Präsentation mit Übergängen zu schaffen, ist dies eine der häufigsten Dienstprogramme, die diese Art von Programm erhalten hatte, die Sie die Sendung in der Art und Weise anpassen können und Stil, den Sie wollen, ohne zu vergessen, die Aufnahme von Text, der durchgeführt werden kann.

12. Analyse

Es handelt sich um einen Bereich, in dem Sie Daten über die Sendungen finden können, u. a. soziodemografische Daten der Zuschauer und die Wiedergabestunden, so dass Sie Entscheidungen über Ihre Inhalte treffen können.

Um auf dieser Plattform zu monetarisieren, müssen diese Aspekte unbedingt verstärkt werden. Außerdem hilft die Analyse dieser Art von Daten bei der Entwicklung einer Strategie und ist eine Maßnahme zur Verbesserung.

13. Videos

Es ist ein Modus oder eine Sektion, um eigene Videos zu veröffentlichen, die bearbeitet wurden, was es einfach macht, sie als Fake-Live zu entlarven. Man kann die ganze Sektion in Sammlungen organisieren, so dass man Clips von Videos bildet, die anderen Streamern gehören, d.h. sie werden gespeichert und können zu einem anderen Zeitpunkt wieder angesehen werden.

Zusätzliche Kanaleinstellungen

Über die Einstellungen in der Systemsteuerung haben Sie Zugriff auf einen der wichtigsten Bereiche, um sich als erfolgreicher Streamer zu präsentieren. Daher sollten Sie die folgenden Punkte beachten:

- **Kanal**

In diesem Abschnitt finden Sie den Übertragungsschlüssel, den Sie verwenden müssen, um mit OBS zu starten, dies wird wiederholt, weil man oft den Überblick über den Ort dieses Schlüssels verliert, durch diesen Abschnitt können Sie wählen, ob Sie die vorherigen Sendungen speichern möchten, Sie haben einen maximalen Zeitraum von 14 Tagen, um es als normaler Benutzer zu halten.

Wenn Sie Prime-, Partner- oder Turbo-Nutzer sind, haben Sie 60 Tage Zeit, um das Video speichern zu lassen. In den Optionen können Sie wählen, ob es sich um Inhalte für Erwachsene handelt, was nicht bedeutet, dass es sich um

Pornografie handelt, sondern dass vor Beginn der Übertragung gewalttätige Werbung oder andere Maßnahmen gesendet werden.

Auf der anderen Seite können Sie die Optimierungspräferenz wählen, die Ihnen hilft, sicherzustellen, dass die Videoqualität mit dem Streaming Hand in Hand gehen kann, d.h. falls Sie wenig Strom auf Ihrem PC haben, kann es kompliziert sein, zwei Aufgaben auszuführen, wie das Spiel und das OBS, können Sie die Maßnahme "niedrige Latenz" wählen.

Wenn Sie hingegen ein großes Team haben, das Sie unterstützt, können Sie weiterhin ohne Einschränkungen senden. Ein weiterer Punkt, auf den Sie achten müssen, sind die Rechte, denn Sie haben die Macht zu entscheiden, ob andere Personen die Inhalte Ihres Kanals senden dürfen.

Ein ästhetischer Aspekt, der für eine bessere Präsenz sorgt, ist die Erstellung eines Banners, das angezeigt werden kann, wenn der Kanal deaktiviert ist. Auf diese Weise können die Follower ein früheres Video aufrufen und ansehen, ohne dass das lästige schwarze Bild auf dem Bildschirm verbleibt, denn je authentischer Sie sind, desto mehr Nutzer werden Sie anziehen.

Die Funktionen erleichtern die Verwaltung von Berechtigungen in der Community. Sie können einen Redakteur ernennen, der dieselben Funktionen wie der Eigentümer des Channels hat, und einen Moderator bestimmen, der für die Verwaltung einer freundlichen Chatumgebung zuständig ist.

Auf der anderen Seite gibt es die VIP-Nutzer, die als prominent in der Community beschrieben werden, Sie können auch die Moderationseinstellungen finden, so dass jeder, der möchte, mit Ihnen in Kontakt treten kann, die Teilnahme am Chat ist ein Aspekt, den Sie nicht vernachlässigen sollten, und Sie können auch eine E-Mail-Überprüfung haben.

Wege zur Gewinnung von Followern auf Twitch

Wenn Sie Ihren Kanal eingerichtet haben und alle Funktionen und Konfigurationen kennen, besteht der nächste Schritt darin, einen auffälligen Kanal zu erstellen, damit Ihre Inhalte zu den meistbesuchten gehören, wobei Sie alle Möglichkeiten von OBS nutzen und das Thema, das Sie in der Sendung behandeln wollen, im Voraus festlegen.

Das Wesentliche ist, dass Sie die Vielfalt der Kanäle als Motivation und nicht als etwas Entmutigendes betrachten, denn Sie können Follower bekommen, solange Sie sich das als Ziel setzen, da das Verkehrsaufkommen auf dieser Plattform eine Chance ist.

Solange Sie mit Ihrem Kanal etwas Einzigartiges zu bieten haben, können Sie die Wachstumsmöglichkeiten, die sich Ihnen bieten, voll ausschöpfen. Dazu können Sie einige Tipps nutzen und in die Praxis umsetzen, um ein großartiger Streamer zu werden, wie z. B. die folgenden Aktionen:

1. Definieren Sie, welche Art von Streamer Sie sind

Was Sie in der Mitte von Twitch sein wollen, ist ein grundlegender Punkt, um auf dieser Plattform zu wachsen, wie Sie zunächst denken müssen, wenn es ein Spiel ist, dann, wenn Sie gehen, um alle Modi oder nur die neuen Releases zu spielen, folglich müssen Sie die Art der Konsole, die Sie verwenden werden, sowie den Stil zu wählen, ob es retro oder neu ist.

Sobald Sie diese grundlegenden und wichtigen Fragen beantworten können, können Sie Entscheidungen treffen, um in diesem Medium oder Thema zu wachsen, bis hin zur

Monetarisierung Ihres Kontos - ein wirklich grundlegender Punkt für Ihre Zukunft auf dieser Plattform.

2. Aufbau einer Wertestrategie

Es ist wichtig, dass Sie sich bei Twitch dem Broadcasting widmen können, weil Sie mit Leidenschaft dabei sind, aber nicht, weil Sie nur auf Ruhm aus sind, denn das wird von den Nutzern wahrgenommen, Sie müssen Empathie und Liebe für diesen Inhalt verbreiten, wenn Sie das nicht tun, können Sie von der Konkurrenz erdrückt werden, die viel mehr Charisma hat.

Die Ausarbeitung einer Strategie bedeutet nicht, sie so ernst zu nehmen, dass sie ihre Natürlichkeit verliert, da man dann live merkt, dass man einem starren Skript folgt, das Wertvollste ist, dass man Spaß an dem hat, was man sendet, auf diese Weise wird man mehr Nutzer auf sich aufmerksam machen, um mehr Nutzer zu seinen Gunsten zu gewinnen.

3. Ermitteln Sie, was das Beste an Ihrem Angebot ist

Jede Gemeinschaft wird gebildet, wenn sie mit einem Wertangebot erreicht wird, so müssen Sie sich selbst wissen, um Ihren Kanal zu fördern, wenn Sie ein Experte auf dem

Gebiet sind und versuchen, mit Anhängern alle Ihre Tricks zu teilen, bilden Sie ein Profil, das jede Person bieten wird, aber dies muss mit Ihrer Persönlichkeit kombiniert werden.

Die Art und Weise, wie du eine Sendung erklärst, ist sehr wichtig, das ist ein Mehrwert, der in der Art und Weise, wie du andere unterrichtest, definiert werden kann. Du musst dir die Zeit nehmen, die beste Art und Weise zu lernen, um das zu erreichen, deshalb kann es ein redundantes Thema auf Twitch sein, aber es gibt mehr als 1000 Möglichkeiten, es zu erklären.

Das Beste, was Sie auswählen können, ist das, was am besten zu Ihnen passt, denken Sie darüber nach, welche Art von Persönlichkeit Sie besitzen, so können Sie die Antworten darauf finden, was Sie tun möchten, aber der Sinn des Ganzen ist es, einen schönen Moment für die Leute zu schaffen, um Sie zu sehen, diese auffällige Seite ist das, was Sie nicht verlieren können.

4. Hält die Beständigkeit aufrecht

Um ein professioneller Streamer zu sein, muss man konsequent sein, das gilt für alles, was man vorschlägt. Es ist also eine gute Idee, Zeiten für die Aufnahme festzulegen, um die Gewohnheit zu schaffen, diese Tage für diese

Aktivität zu reservieren, man sollte auch die Zeit studieren, die von den Nutzern am meisten frequentiert wird, das hilft, während der Übertragungen Traffic zu gewinnen.

Wenn Sie regelmäßig Inhalte verbreiten, werden sich die Nutzer an Sie erinnern, aber Sie müssen auch an die Bedürfnisse der Nutzer denken, d.h. wenn Sie Zugang zur größten Konzentration dieser Gemeinschaft haben, ist es wichtig, dass Sie ein festes Maß an Inhaltserstellung haben, damit es einfach ist, sie zu fördern.

5. Veranstalten Sie Verlosungen oder belohnen Sie Ihre Gemeinschaft

Nichts regt eine Follower-Gemeinschaft mehr an als Werbegeschenke. Ein guter Weg, um die Wertschätzung der Leute zu gewinnen, ist also die Organisation eines Wettbewerbs und das Anbieten von Werbegeschenken.

6. Entwicklung und Planung von Strategien in anderen sozialen Netzwerken

Twitch ist selbst als soziales Netzwerk anerkannt, aber Sie können den Verkehr von anderen sozialen Netzwerken nutzen, um sich bekannt zu machen, d. h. Sie können einen Social-Media-Plan umsetzen, der zum Thema des Kanals passen sollte, sowie eine Möglichkeit, wertvolle Inhalte zu teilen, wodurch Ihre Anhänger ermutigt werden, Twitch auf Ihrem Kanal beizutreten.

Sie dürfen nicht vergessen, die Leute aufzufordern, Ihnen in anderen sozialen Netzwerken zu folgen. Dies ist ein Sprungbrett, um auf dieser Plattform zu wachsen, und die wichtigste Voraussetzung ist, dass Sie Beziehungen zu den Nutzern aufbauen und aktiv Inhalte teilen, während Sie sich gleichzeitig bekannt machen, um Aufmerksamkeit zu erregen.

Die Konversation mit den Nutzern ist eine gute Möglichkeit, Inhalte zu teilen, und mit anderen Streamern kann man sich gegenseitig bei der Werbung helfen, so dass man sich gegenseitig kennenlernt und die Community des anderen nutzt.

7. Teilnahme an Veranstaltungen und Networking

Veranstaltungen zu Ihrem Twitch-Thema sind ein hervorragendes Sprungbrett, denn auf diese Weise können Sie mit einer lokalen Community weit kommen, um virtuelle Unterstützung zu gewinnen. Außerdem müssen Sie in dem Medium bekannt sein oder sich zumindest an einer Aktivität in diesem Umfeld beteiligen, die die Aufmerksamkeit der Menschen oder Nutzer auf sich ziehen kann.

Events gewinnen immer mehr an Bedeutung, vor allem im Bereich der Videospiele können virtuelle Aktivitäten geschaffen werden, wie z. B. der Wettbewerb mit anderen Streamern, wodurch die Popularität aller in einem Stream zusammengeführt wird, der eine große Menge an Datenverkehr bewegen kann, was für alle von Vorteil ist.

Im Broadcasting kann man Experte werden, wenn man jeden Schritt ernst nimmt, und man hat die Möglichkeit, sich mit anderen Streamern zu vernetzen, um diese Unterstützung zu seinem Vorteil zu nutzen und Inhalte zu präsentieren, die diesen Bereich ansprechen, denn es gibt nichts Spannenderes als ein gutes Event.

8. **Erlernen und Entwickeln von Grafikdesignaktionen**

Ihr Kanal kann so gestaltet werden, wie es am besten zu der Art von Inhalten passt, die Sie präsentieren. Stellen Sie sich vor, Sie dekorieren einen Raum, und auf die gleiche Weise werden Sie einen Kanal erstellen, der wettbewerbsfähig ist, solange er ein perfektes Bild abgibt, werden Sie das Design für sich sprechen lassen, es wird selbst eine Präsentation sein.

Wenn Design nicht Ihr Ding ist und Sie keine große Investition in dieses Thema tätigen wollen, können Sie einige einfache Tools verwenden, die Ihnen helfen können. Diese sind vollständig online und mit einer intuitiven Bedienung, so dass Sie in der Lage sind, ein großartiges Design zu präsentieren, unter den Optionen sticht Canva hervor.

Es gibt viele Möglichkeiten, die Follower durch das Design zu verführen, das Wichtigste ist, dass man noch weiter gehen kann, d.h. ein perfektes Bild für das Thema zu suchen, denn das hilft, die Personalisierung zu machen und dass die Nutzer Sie wiedererkennen können, also können Sie nach Unterstützung für ein Intro-Video vor der Ausstrahlung eines Streaming suchen.

9. Weitergabe über andere soziale Medienkanäle

Abgesehen davon, dass Twitch eine der wichtigsten Broadcasting-Plattformen ist, können Sie auch andere soziale Medien nutzen, um auf Ihre Inhalte aufmerksam zu machen, indem Sie Zusammenfassungen, Ausschnitte, lustige Bits und mehr verwenden, um die Aufmerksamkeit auf andere soziale Videonetzwerke zu lenken.

Sie können versuchen, Ihre Inhalte über Facebook Live oder sogar auf YouTube zu übertragen. Wichtig ist, dass es sich um einen abwechslungsreichen Vorschlag handelt, damit Sie Ihre Follower diversifizieren und die Anziehungskraft, die Sie erzeugen, von einer Plattform auf eine andere übertragen können - das kann etwas sein, das Hingabe erfordert, aber es lohnt sich, um zu wachsen und bekannt zu werden.

10. Erforscht und implementiert Neuromarketing

Als Experte ist es normal, dass Sie mit Ihren Inhalten immer mehr Wirkung erzielen wollen, deshalb ist das Studium des Neuromarketings sehr nützlich, um Emotionen zu vermitteln und vor allem die Zuneigung der Zuschauer zu gewinnen, die Köpfe Ihrer Nutzer können beherrscht werden, wenn Sie darauf achten, Anziehungskraft zu erzeugen.

11. Verwenden Sie nicht die Phrase "Folge mir und ich folge dir".

Diese Art von verzweifelter Methodik, um Follower zu bekommen, lässt Sie nur als verzweifelten Account dastehen, sie funktioniert nur oder ist angemessener, wenn Sie sie zu Beginn in diesem Medium anwenden, und Sie können diesen Text in Foren anwenden, aber mit dem Ziel,

Menschen zu erreichen, die sich in der gleichen Situation wie Sie befinden, was den Fortschritt angeht.

Der Satz "Folge mir und ich folge dir" kann peinlich sein, vor allem wenn es darum geht, eine Plattform zu skalieren, auf der man aufgrund der Art der Inhalte, die man präsentiert, oder des Themas interessant sein muss, ist dies keine schlechte Strategie, aber man sollte sich nicht daran gewöhnen.

Finden Sie heraus, wie Sie auf Twitch Geld verdienen können

Als Streamer erzeugt viele Vorteile, unter diesen ist die Möglichkeit, Einkommen zu generieren, ist dies eine Realität, wenn Sie eine akzeptable Leistung haben, dh der Inhalt muss gut sein für Ihren Kanal kann die Art und Weise monetarisieren Sie erwarten, um diese Aufgabe zu erreichen können Sie einige Tipps folgen.

Ein wichtiger Schritt, um Geld zu verdienen, ist es, so viel wie möglich über Twitch zu lernen. Dazu gehört auch, dass man sich über die Neuigkeiten auf der Plattform auf dem Laufenden hält und seine Rolle als Streamer so professionell wie möglich ausübt, aber nicht so sehr, dass man vom Geldverdienen besessen wird.

Der Prozess der Monetarisierung auf Twitch ist eine Tatsache, die Geduld braucht, da es nicht über Nacht passieren, aber Sie können im Auge behalten, dass Amazon hat ein Affiliate-Programm und das gleiche geschieht mit Twitch, in diesem Fall die Plattform selbst ist verantwortlich für die Einladung Sie zu einem zu sein, aber Sie müssen einige Anforderungen wie die folgenden erfüllen:

- Erfüllen Sie eine Sendezeit von 500 Minuten in den letzten 30 Tagen.
- Haben in den letzten 7 Tagen, also etwa 30 Tagen, erneut gesendet.
- Sie haben in den letzten 30 Tagen durchschnittlich 3 Zuschauer zur gleichen Zeit.
- Mindestens 50 Follower haben.
- Führen Sie ein Konto mit zweistufiger Authentifizierung.

Eine weitere Möglichkeit, Geld zu generieren, ist das Spendensystem, das auf der Aktivierung eines Banners basiert, das es den Followern ermöglicht, finanzielle Spenden als Beitrag zum Kanal zu leisten, d.h. es basiert auf einer Unterstützung für den Inhalt.

Zusätzlich können Sie eine andere Art von Affiliate-System verwenden, dafür müssen Sie einige Links teilen, die es Ihnen ermöglichen, Provisionen zu verdienen, wenn jemand über den Link kauft. Dies folgt der gleichen Dynamik, die sich im Amazon-Affiliate-System entwickelt oder wie es bei anderen Videospiel-Shops wie G2A geschieht.

Twitch entwickelt ein Bit-System, mit dem Sie jedes Mal einen Penny erhalten, wenn jemand einen Bit verwendet, um einen Jubel auf dem Kanal zu senden.

Die Twitchcon-Feier

Die Twitchcon ist als jährliches Event bekannt, ein Angebot des Besten, was die Plattform zu bieten hat. Dieses Fest findet ein ganzes Wochenende lang statt, um Aktivitäten, Streams, Turniere und vieles mehr zu organisieren und zu feiern, eine Zusammenstellung für die wahren Fans.

Die Ankündigung dieses Ereignisses hat viel mit der Entwicklung einer großen Anzahl von Aktivitäten zu tun, wodurch das Niveau des Traffics, den sie als Plattform selbst generieren kann, erhöht wird. Es ist also ein Thema, dem man Bedeutung beimessen sollte, da man durch seine Teilnahme Anhänger gewinnen kann.

Das Angebot von Twitch über Videospiele

Dieser Punkt ist für diejenigen relevant, die glauben, dass es bei Twitch nur um Videospiele geht, denn die Kategorien innerhalb der Plattform erweitern sich, eine der beliebtesten ist IRL, bekannt als ein Raum für Kanäle, die Talkshows und Podcasts gewidmet sind.

Alles, was mit Musik und darstellenden Künsten zu tun hat, erhält eine besondere Behandlung, und auch Themen aus Wissenschaft und Technik kommen auf dieser Plattform gut an, und Nutzer, die sich mit Rollenspielen oder der Erklärung eines Handwerks wie dem Umgang mit Farbe befassen, können diese Art von Vision auf diesem Medium sehr gut umsetzen.

Auch Veranstaltungen können über diese Plattform gemeldet werden, ebenso wie Sport und Fitness, sowie Menschen, die kochen und sogar live essen, um ein Gericht zu probieren, was ebenfalls das Interesse der Nutzergemeinschaft weckt.

Inmitten von IRL ist einer der Kanäle, die immer mehr Zulauf bekommen, Just Chatting, wo sich die Nutzer hinsetzen und ihre Webcam benutzen, um über irgendwelche seltsamen Vorfälle zu sprechen, solange die Richtlinien der Plattform eingehalten werden, denn die Privatsphäre kann über Twitch nicht verletzt werden.

Diese Art der Inhaltserstellung glänzt, weil es so interessant ist, an sich ist ein Thema, das ständige Teilnahme einlädt, diese wurden auf das gleiche Niveau von Videospiel-Meisterschaften sekundiert, so ist es ein Weg, der etabliert ist, um sich durchzusetzen und mehr Menschen sind von dieser Art und Weise verzaubert.

Das Wesentliche ist, dass die Zuschauer Spaß an dem haben, was sie sehen. Diese Art von Motivation muss man wecken, damit die aufkommenden Trends ihren eigenen Raum gewinnen, insbesondere bei der Generation Z oder V, die online am stärksten vertreten ist.

Das Twitch-Erlebnis kann abwechslungsreich sein, solange man einen Weg findet, in einem originellen Stil zu senden. Dies ermöglicht es einer größeren Anzahl von Nutzern, bei den von Ihnen gesendeten Inhalten zu bleiben, was Hand in Hand mit den Vorlieben geht, die sich aus dem digitalen Marketing ergeben, wo Kreativität vor Inhalt steht.

Was Sie wissen müssen, um auf Twitch zu starten

Eine der ersten Überlegungen, um auf Twitch Fuß zu fassen und an Popularität zu gewinnen, besteht darin, sich in die Perspektive der Zuschauer hineinzuversetzen und herauszufinden, was Millionen von Menschen mögen und wofür sie sich begeistern, so dass man ihrem Geschmack entsprechen kann.

Zu diesem Zweck wird es als eine Gelegenheit oder ein Mittel präsentiert, um mehr als 15 Millionen Zuschauer zu erreichen, so dass es zu einem Raum wird, in dem man sein professionelles Talent zeigen kann, um mehr Menschen zu erreichen, indem man Videospiele, Interviews, Sitzungen und die Ausstrahlung aller Arten von Inhalten präsentiert.

Berühmt zu werden ist eine Option unter all den Alternativen, die diese Plattform bietet, also muss man zunächst ein echter Streamer sein und Sympathien wecken, zusätzlich zu den notwendigen Hardware-Anforderungen, um die Erwartungen der Zuschauer zu erfüllen, aber auch um das Thema ohne offensichtliche Fehler zu entwickeln.

- **Anforderungen für die Übertragung auf Ihrem Twitch-Kanal**

Ein grundlegender Schritt, den Sie ausschöpfen müssen, ist die optimale Darstellung des Inhalts für den Betrachter. Dafür ist es unerlässlich, bestimmte grundlegende Maßnahmen zu ergreifen, damit Ihr digitales Angebot interessant und attraktiv zugleich ist, aber es ist wichtig, dass Sie auf einen guten PC oder eine Spielkonsole zählen können, die für das Thema, das Sie entwickeln wollen, geeignet ist.

Mit diesem im Ort, können Sie sich widmen, um mit Software, um die Qualität Streaming Sie suchen, um zu bieten, dazu gehört auch die Verwendung eines Mikrofons, so dass Sie ein höheres Maß an Audio-Klarheit, ist es in der Regel am besten zu investieren in Kopfhörer, die das Mikrofon, weil es mehr Komfort darstellt.

Genauso wie die Kamera eine wichtige Rolle spielt, da sie es ist, die den Inhalt erstellt, damit die Fans ihn genießen können, ist es wichtig, dass du weißt, wie man vom PC aus sendet. Dafür kannst du dir einige Tutorials ansehen, die dir die vorherigen Schritte beibringen, um die Aufnahme von Xbox One, PS4, Nintendo Switch und anderen zu meistern.

Die Anleitungen zu dieser Art von Konfiguration sind eine große Hilfe für Sie, um qualitativ hochwertige Ergebnisse zu erzielen und weitere Elemente wie Screenshots und Clips zu integrieren sowie einige Tipps umzusetzen, die die ästhetische Ebene in den Vordergrund stellen.

- **Empfohlene Geräte für Streaming**

Die Entwicklung von Streamings erfordert die Einbeziehung geeigneter Geräte, obwohl es in einigen Fächern Ausnahmen gibt, die dazu führen, dass die Übertragung von einem Computer nicht so kompliziert oder kostspielig ist, ebenso wie das Streaming kontinuierliche Investitionen erfordert, damit man Fortschritte machen und immer besser werden kann.

Für die Twitch-Plattform selbst wird ein Intel Core i5-4670-Prozessor oder ein gleichwertiger AMD-Prozessor empfohlen, der entsprechende RAM-Speicher muss 8 GB betragen und das Betriebssystem muss Windows 7 oder höher sein, wie es auch bei einem Mac möglich ist.

Für das Streaming von PC-Spielen benötigen Sie eine Grafikkarte mit ausreichender Leistung für beide Programme, die DirectX 10 und höher unterstützt, und für das Internet eine schnelle und stabile Verbindung.

Diese Maßnahmen werden empfohlen und sind die besten, um eine flüssige Erstellung von Inhalten zu gewährleisten. Was das Internet betrifft, so sollten Sie eine Upload-Geschwindigkeit von 3 MB pro Sekunde einplanen, was für die meisten Internetverbindungen machbar ist, und wenn Sie sich fragen, ob Sie von einem Mobiltelefon oder einem Computer aus senden wollen, ist Letzteres immer empfehlenswert.

Mit dem Desktop eines Computers können Sie die Übertragung einleiten und durchführen, denn die Übertragung von Inhalten von einem tragbaren Computer ist eine Realität, solange er die grundlegenden Spezifikationen erfüllen kann, um die Qualität zu gewährleisten; wenn Sie ein mobiles Gerät verwenden, müssen Sie sicherstellen, dass es die Erwartungen der Nutzer übertrifft.

Die grundlegenden Systemanforderungen von Twitch sind sehr gut zugänglich, sowohl für die Übertragung oder das Streaming als auch für die Wiedergabe von Spielen mit hohem Grafikniveau, obwohl sie eine beträchtliche Belastung für den PC darstellen, ohne ihn völlig auszulasten.

Aus diesem Grund verwenden einige beliebte Online-Streamer zwei PCs, um die Last zu verringern und zu verteilen, da einer zum Laden der Spiele und der andere zum Streamen verwendet wird. Dies kann anfangs kompliziert einzurichten oder zu beherrschen sein, aber Sie können Software wie CyberPower verwenden, die es einfach macht, zwei PCs auf demselben Tower zu verwalten.

- **Wichtige Details zum Einrichten eines Twitch-Kontos**

Individuelle Twitch-Beitritt kann über https://www.twitch.tv entwickelt werden, so dass Sie die Plattform beitreten können, damit Sie die Übertragung durchführen können, wo Sie einen Avatar, Banner und Beschreibung wählen, so dass Sie eine Präsentation erstellen können, so dass Sie attraktiv für die Nutzer sind.

Gleichzeitig müssen Sie die Konfiguration der Archivierung der Sendungen einbauen, so dass Sie vorübergehend Zugang zu ihnen haben, was dazu führt, dass Sie sie später ansehen können, mit Hilfe der Konfigurationsoption, dann in Kanal und Videos finden Sie die Archivsendungen.

- **Die Software, die Sie für das Streaming auf Twitch benötigen**

Ein wichtiges Werkzeug oder Teil des Streamings auf Twitch ist die Broadcasting-Software, damit Sie den Inhalt mit den Nutzern teilen können. Die am häufigsten verwendete Software für diesen Zweck ist die Open Broadcasting Software (OBS), die völlig kostenlos ist.

Auf der anderen Seite gibt es die XSplit-Software, die eine einfach zu bedienende Schnittstelle ermöglicht oder hat, weil seine Optionen intuitiv sind, aber seine Funktionen werden durch ein kostenpflichtiges Abonnement angeboten, um Exklusivität zu bieten, über die Auswahl der Software hinaus, müssen Sie eine Konfiguration auf der Übertragung implementieren.

In der Mitte der Übertragung und ihrer Einstellungen ist es wichtig, die Quellen auszuwählen, mit denen Sie streamen wollen, d.h. wählen Sie die Art des Computermonitors, die Originalquelle des Spiels oder die Webcam, und es ist auch wichtig, die Art und Weise einzustellen, in der die Elemente dem Zuschauer angezeigt werden.

Die Wahl des Skins oder Overlays ist wichtig, denn es ist der Text, der erscheint, wenn ein Zuschauer den Kanal abonniert hat. Das Gleiche gilt für die Einbindung von Details über den Chat, die Bildung des Spenden-Feeds, um den Kanal zu monetarisieren, wenn Sie die beschriebenen Bedingungen erfüllen.

Schließlich ist eine der Einstellungen, die Sie vornehmen müssen, die Synchronisierung Ihres Twitch-Kontos, damit Sie die gewünschten Live-Streams unter Beachtung der erforderlichen Vorsichtsmaßnahmen und Sorgfalt übertragen können.

- **Der Einbau von Kamera und Mikrofon**

Wenn Sie keine Webcam haben und das Thema des Kanals darauf basiert, dass Sie mit der Community in Kontakt treten, sollten Sie ein Gerät wählen, mit dem Sie Ihr Gesicht zeigen können. Die Logitech HD Pro C920 ist eine der besten Entscheidungen, die Sie treffen können, denn sie bietet eine Aufnahmequalität von 1080p.

Das Logitech C922-Modell hat die gleiche 1080p-Qualität, verfügt aber über eine automatische Hintergrundentfernung, so dass Sie im Spiel erscheinen können, ohne dass Sie einen grünen Bildschirm aufstellen müssen.

Auf der anderen Seite gibt es auch die Funktion der Razer Kiyo, das hat ähnliche Qualitäten, um die Klarheit, um das Licht, das so, dass Ihr Gesicht kann ohne Probleme unterschieden werden, obwohl auf technischer Ebene können Sie Kopfhörer für das Streaming, ist es am besten in ein Mikrofon investieren zu löschen.

Je spezieller die Ausrüstung ist, die Sie verwenden, desto bessere Ergebnisse können Sie erzielen, und das Mikrofon sorgt dafür, dass das Publikum Sie klar und deutlich hört. Eines der am häufigsten gekauften Mikrofone für diesen Zweck ist das Blue Yeti, das über eine USB-Verbindung verwendet werden kann und eine hohe Audioqualität und eine Möglichkeit zum Auffangen von Geräuschen bietet, die passt.

Wenn Sie nicht über das nötige Budget verfügen, um auf diese Weise mit dem Streaming zu beginnen, können Sie aufsteigen oder andere, billigere Geräte in Betracht ziehen, wie z. B. das Samson Go Mic (wegen seiner tragbaren Qualitäten) und das Razer Seiren, die beide nützliche Optionen sind, um ein professionelles Bild von sich zu präsentieren.

Streaming auf Twitch über Spielkonsolen

Wenn Sie eine Xbox One- oder PS4-Konsole besitzen, haben Sie die Möglichkeit, von der Konsole selbst aus zu senden, ohne dass Sie ein anderes Gerät oder zusätzliche Software verwenden müssen.

Wenn Sie von PS4 streamen möchten, scrollen Sie einfach nach unten in das Menü, um vom System selbst zu teilen, obwohl Sie über Xbox auch die Vorteile dieser Art von Option nutzen können, um direkt mit der Twitch-Plattform zu verbinden, zusätzlich zu der kostenlosen Anwendung, die den Microsoft Store hat.

In beiden Fällen ist es einfach, diese Schritte auszuführen, obwohl die Einschränkung bei der Verwendung einer Konsole für das Streaming darin besteht, dass Sie keine Einstellungen oder Anpassungen vornehmen können wie bei einem PC, aber es ist immer noch eine effektive Alternative, um Teil der Streaming-Welt zu sein.

Wenn Sie über Nintendo Switch oder eine ähnliche Konsole streamen möchten, können Sie über eine Capture-Karte, die Sie im Konsolenspiel auf Ihrem PC registrieren können, die Kontrolle über den Stream erlangen, so dass Sie besser verwaltete Inhalte mit Ihrem eigenen persönlichen Stempel haben können.

Die letzte Option, das Streaming über eine Capture-Karte, ist eine beliebte Lösung in diesem Medium. In der Regel wird die Elgato Game Capture HD verwendet, die die Aufnahme von 1080p-Videos von einer Xbox One, 360 und auch auf PS4, PS3 und Wii U ermöglicht.

Unabhängig von der Art der Konsole oder des Systems mit HDMI-Ausgang funktioniert die Capture-Karte ideal, Komponentenadapter können hinzugefügt werden, um das Streaming im Retro-Stil zu ermöglichen, und für glatte oder flüssige Aufnahmen mit 60 Bildern pro Sekunde können Sie bis zum HD60-Punkt aufstocken.

Übertragen auf Twitch über einen PC

Wenn Sie sich vor allem für Videospiele begeistern, können Sie sich bei Twitch anmelden, um Spiele zu streamen. Das Gleiche gilt, wenn Sie ein Programm erstellen möchten, denn Twitch ist eine bahnbrechende Plattform im Bereich der Übertragungen und beherbergt daher auf einzigartige Weise bis zu 140 Millionen monatliche Zuschauer.

Die Art von Streaming, die die meiste Aufmerksamkeit auf sich zieht, ist Fortnite, PlayerUknowns, World of Warcraft und die anderen Shows in den Kategorien Kunst und Kochen, wobei auch Sportinhalte auf dem Vormarsch sind und jeder originäre Inhalte erstellen kann, um die Übertragungsmöglichkeiten von Twitch zu nutzen.

Zusätzlich zu den üblichen Gaming-Funktionen von PS4 und Xbox One verfügen sie auch über Streaming-Funktionen. Falls Sie dies von einem PC aus tun möchten, müssen Sie lediglich über eine Hardware verfügen, die den Anforderungen dieser Streaming-Aktivität gerecht wird, sowie eine Streaming-Software implementieren, um Ihr Twitch-Konto zu nutzen.

Es ist ganz einfach, Ihre Inhalte auf Twitch mit der Welt zu teilen, denn Sie müssen sich nur anmelden, um in den Genuss des Live-Betriebs zu kommen. Es ist eine ideale Plattform für jedermann, und Sie müssen nur die folgenden Einstellungen vornehmen, um mit dem Broadcasting zu beginnen:

1. Installieren Sie die Broadcasting-Anwendung auf dem PC. Hierfür können Sie verschiedene Lösungen einsetzen, z. B. die Open Broadcaster Software (OBS), die für Windows, Mac und Linux verfügbar ist, sowie XSplit, das für Windows entwickelt wurde.
   OBS ist dank seines Open-Source-Charakters kostenlos zu betreiben, erfordert aber einige zusätzliche Konfigurationen, während XSplit über intuitive Optionen verfügt, die jedoch von einem kostenpflichtigen

Abonnement abhängen, um Zugang zu seinen Funktionen zu erhalten.

2. Gehen Sie zu Twitch und melden Sie sich an.

3. Wählen Sie aus dem Dropdown-Menü die Systemsteuerung aus, so dass Sie in der oberen rechten Ecke des Bildschirms die gewünschten Einstellungen vornehmen können.

4. Klicken Sie auf der Registerkarte "Spielen" auf die Art des Spiels, das Sie spielen möchten.

5. Greifen Sie auf den Titel zu, damit Sie effektiv senden können.

Wenn Sie OBS verwenden möchten, müssen Sie auch eine Konfiguration auf dem Relais vornehmen, die auf diesen Schritten basiert:

1. Klicken Sie mit der rechten Maustaste auf das OBS und wählen Sie die Option "Als Administrator ausführen", die für die Verwendung von Game Capture unerlässlich ist.

2. Wählen Sie die Übertragungskonfiguration über das Konfigurationsmenü.

3. Wählen Sie Twitch als Streaming-Dienst aus und klicken Sie dann unten links im Menü auf Optimieren.

4. Kehren Sie zum Twitch-Dashboard zurück und wählen Sie Strem Key aus. Folgen Sie dann den Anweisungen, um Ihren einmaligen Broadcast-Code zu erhalten.

5. Kopieren Sie diesen Code, fügen Sie ihn in das Feld Stream Key über dem Konfigurationsmenü ein und klicken Sie auf "Ok".

Als Nächstes müssen Sie die Voraussetzungen dafür schaffen, dass Sie live gehen können, indem Sie diese Maßnahmen befolgen:

1. Über die zentrale Schnittstelle von OBS können Sie mit der rechten Maustaste in das Feld "Quellen" klicken, um die Spielaufnahme hinzuzufügen.

2. Wählen Sie die Art des Spiels, das Sie verwenden, dank des Menüs, das auftaucht, um auf Akzeptieren zu klicken.

3. Klicken Sie erneut mit der rechten Maustaste auf das Feld "Schriftarten", dann können Sie zusätzliche Schriftarten einfügen, Sie können Bilder und Text eingeben, um die Gestaltung des Entwurfs zu erleichtern, Sie können Monitor Capture verwenden, um das Gewünschte auf dem Bildschirm anzuzeigen, oder Video Capture wählen, um die Webcam zu starten.

4. Geben Sie die Stream-Vorschau ein, um die Szene zu ändern. Dies wird so angewandt, dass sie vollständig dem

Design entspricht, das Sie im Sinn haben, d.h. Sie könnten einen Stream des Spiels verwenden, möchten aber ein Highlight oder Ihre Erklärung präsentieren, dies kann in einer Ecke des Streams hinzugefügt werden.

5. Klicken Sie auf , um die Übertragung über das OBS-Kontrollpanel zu starten, so dass Sie vollständig live sind.

Wenn Sie XSplit verwenden, können Sie das Streaming mit den folgenden Schritten einrichten:

1. Öffnen Sie XSplit und melden Sie sich dort an.
2. Wählen Sie die Option "Senden", um den Kanal in naher Zukunft zu Twitch hinzuzufügen.
3. Autorisieren Sie und geben Sie Ihren Twitch-Benutzernamen und Ihr Passwort ein.
4. Klicken Sie abschließend auf "Fertig stellen", damit XSplit automatisch die am besten geeignete Auflösung einstellt.
5. Konfigurieren Sie die Übertragungseigenschaften und klicken Sie auf OK.

Schaffen Sie mit diesen Schritten die Voraussetzungen, um live zu gehen:

1. Gehen Sie zum Abschnitt Screen Sources unten links auf der XSplit-Oberfläche und klicken Sie auf "Add".

2. Gehen Sie zur Spielerfassung, um das Spiel auszuwählen, das Sie implementieren möchten.
3. Fügen Sie eine zusätzliche Quelle hinzu, z. B. Bilder oder Webcam-Streaming.
4. Ziehen Sie die Quelle nach Belieben, d. h., wenn Sie die Aufnahme des Spiels im Feed als willkommenes Highlight präsentieren möchten, können Sie dies mit Hilfe eines Kästchens in der Ecke tun, das die Webcam sichtbar macht.
5. Dann können Sie "Broadcast" und dann "Twitch" auswählen, und schon sind Sie live dabei.

So streamen Sie auf Twitch über Xbox One

Wenn du eine Xbox One hast und ein beliebter Streamer werden willst, kannst du von dieser Konsole aus streamen. Das ist ein Pluspunkt, um zu beweisen, dass du gut bist, in Spielen von der Größe oder dem Kaliber von Fortnite, kann dies mit ein paar kleinen Anpassungen im Vorfeld möglich gemacht werden.

Damit Sie Twitch nutzen können, müssen Sie lediglich die Plattform einrichten und in Betrieb nehmen:

- Laden Sie die kostenlose Twitch-App herunter, die über den Xbox Store erhältlich ist, und verwenden Sie sie.

- Melden Sie sich an. Sie müssen ein aktives Twitch-Konto haben, damit Sie aus der Anwendung heraus mit dem Broadcasting beginnen können.
  - Melden Sie sich auf https://twitch.tv/activate über einen Browser oder einen PC, Tablet und auch ein Mobiltelefon an, Sie müssen nur einen Code eingeben, der auf dem Bildschirm erscheint.
- Öffnen Sie das Spiel, das Sie über Xbox One streamen möchten.
- Doppelklicken Sie auf die Home-Taste, so dass Sie das Menü aufrufen können und unten können Sie Twitch wählen. Wenn Sie also Kinect oder ein Mikrofon an die Konsole angeschlossen haben, können Sie Twitch aufrufen, indem Sie einfach "Cortana, broadcast" sagen, oder indem Sie "Cortana, open Twitch" sagen, wenn die Anwendung geöffnet ist, müssen Sie auf Broadcast klicken.
- Geben Sie dem Stream einen Namen, dann können Sie das Einstellungsmenü verwenden, bevor Sie beginnen. So können Sie den Betrieb von Mikrofon, Kinect, Chat und anderen einstellen, dann können Sie die Qualitätsstufe wählen, die der Stream hat.

- Loggen Sie sich ein, um den Stream zu starten und ihn zu aktivieren. Dies ist im Twitch-Chat gut zu sehen, um die Einstellungen über die rechte Seite des Bildschirms zu ändern. Sie können die Twitch-Seitenleiste auch ausblenden, indem Sie doppelt auf die Home-Taste tippen und die Option "Anheften aufheben" auswählen oder indem Sie "Cortana, Anheften aufheben" sagen.

Auf diese Weise werden Sie in kurzer Zeit live sein, und in Google Play können Sie eine kostenlose und herunterladbare Anwendung finden, es hat eine Menge von Dienstprogrammen, um die Übertragung in Echtzeit zu konfigurieren, und es funktioniert auch zu überprüfen, wie die Übertragung sein wird.

Die Einbindung des Titels der Sendung ist durch dieses Tool möglich, und es macht es einfach, den Link zu teilen, um den Live-Stream auf anderen sozialen Netzwerken zu sehen, können Sie für andere Sendungen suchen, sowie andere Befugnisse.

Erfahren Sie, wie Sie über die PS4 auf Twitch streamen können

Um die Spiele in der Welt zu teilen, können Sie die PS4 verwenden, da sie Twitch-Streaming-Kompatibilität hat, da Sie direkt von der Konsole aus starten können, was für den Fall, dass Sie mit Resident Evil 7 beginnen wollen, von großem Nutzen ist, da es eine Welt ist, die am besten mit dieser Art von Konsole erforscht werden kann.

Sie können einfach eine Taste auf der Konsole drücken, um die Übertragung auf Twitch zu starten, indem Sie diese Schritte befolgen:

1. Drücken Sie die Freigabetaste auf dem PS4-Controller, wenn Sie sich im Spiel befinden.
2. Wählen Sie "GamePlay neu übertragen".
3. Wählen Sie die Option zum Einloggen.
4. Rufen Sie https://twitch.tv/active auf, um den Code auf dem Fernsehbildschirm einzugeben.
5. Wählen Sie OK über PS4.
6. Wählen Sie noch einmal Twitch aus.
7. Wählen Sie die Optionen, um die Übertragung zu starten.
8. Bleiben Sie live auf Twitch.

Wenn du die Übertragung beenden willst, drückst du einfach die Option im Menü "Teilen". Es gibt auch eine Twitch-App auf PS4, die aber nicht zwingend erforderlich ist, sondern dir nur ermöglicht, die Übertragungen anderer Leute zu sehen. Du kannst die Übertragungen also auch auf anderen Video-Apps wie Netflix, HBO Go und im PlayStation Store finden.

Wie man über Nintendo Switch auf Twitch streamen kann

Jede existierende Konsole ermöglicht die gemeinsame Nutzung von Spielen durch Streaming, bei Nintendo Switch ist die Kompatibilität mit Twitch-Diensten sehr hoch. Dies geschieht auf dieselbe Weise wie bei PS4 und Xbox One, was auf die Vielfalt der verfügbaren Tools für Live-Streaming zurückzuführen ist.

Von der Konsole selbst können Sie die Kontrolle über die Übertragung übernehmen, über Nintendo Switch ist dies möglich, nur das Verfahren ist die altmodische Art und Weise getan, wie Sie eine Capture-Karte verwenden müssen, einfache Schritte wirklich, das Wichtigste ist, dass Sie die Verbindung zu der Capture-Karte, um den Inhalt auf Twitch zu starten ausnutzen können.

Das Live-Spielen auf Twitch ist jetzt Realität. Folgen Sie einfach den unten stehenden Schritten, um zu streamen:

- Holen Sie sich eine Capture-Karte, da die Nintendo Switch nicht funktioniert oder unterstützt nicht die interne Übertragung wie bei anderen Konsolen der modernen Generation, so sollten Sie für eine externe Capture-Gerät zu gehen, ist es normal, in Elgato HD60 zu investieren, hat es eine ungefähre Kosten von $ 200 USD. Sie können auch andere Versionen der Capture-Karte finden, die Ihnen das Streaming mit höheren Auflösungen ermöglichen, aber das ist mit zusätzlichen Kosten verbunden.

- Sobald Sie in die Capture-Karte investiert haben, müssen Sie sie an die Switch-Dockingstation und den Fernseher anschließen, denn nur so kann das Video übertragen werden. Die Karte sollte daher in den HDMI-Ausgang der Dockingstation integriert werden, so dass Sie nur den entsprechenden Schalter drücken müssen, obwohl Sie möglicherweise ein weiteres HDMI-Kabel zum Fernseher benötigen, um zu sehen, was Sie während der Übertragung tun.

- Schließen Sie den Elgato an einen PC an, Sie benötigen die Funktionen eines PCs, er muss so nah sein, dass er an das USB-Kabel angeschlossen werden kann, außerdem an den Mini-USB-2.0-Anschluss der Aufnahmekarte, und das andere Ende kann in den PC eingesteckt werden, so können Sie die Übertragungssoftware auf dem PC steuern, aber das angezeigte Bild wird minimal verzögert.

Die HDMI-Verbindung, die an den Fernseher geht, zeigt das Spiel in vollem Umfang ohne Verzögerungen, müssen Sie die Capture-Software herunterladen, um die Capture-Karte frei zu verwenden, ist der Vorteil, dass der PC nicht als Stromquelle zu funktionieren, wie die Hardware der Capture-Karte erhält die meisten der Last.

Außerdem sollten Sie sich darauf konzentrieren, eine stabile Internetverbindung zu haben, vor allem bei der Übertragung, so dass es am besten ist, eine kabelgebundene Internetverbindung zu verwenden, um mit den Schritten fortzufahren:

- Erstellen Sie ein Konto auf der Twitch-Plattform. Wenn Sie bereits ein Konto haben, müssen Sie nur einen einfachen Schritt im Spiel machen, aber wenn Sie kein Konto haben, können Sie jeden der kostenlosen Schritte durchführen.

- Verknüpfen Sie Ihr Twitch-Konto mit der Elgato-Software. Wählen Sie dazu Twitch als Live-Streaming-Plattform aus und nicht die Elgato-Software, dann können Sie sich einloggen und der Software den Zugriff auf Ihr Konto erlauben. Die Elgato-Software bietet alles, was Sie für das Live-Streaming benötigen, auch wenn die verfügbaren Funktionen für Sie vielleicht nicht ausreichen.

- Sie können die Streaming-Software auch von Drittanbietern beziehen, so dass Sie mehr Kontrolle über das Streaming haben, Sie können kostenlose Dienste wie OBS oder XSplit nutzen, so dass Sie die Videoaufnahmefunktionen von Elgato sowie andere Optionen für das Streaming oder die Videoaufnahme haben.

Lernen, wie man mit einem Laptop auf Twitch streamt

Gaming-Streams auf Gaming-Plattformen wie Twitch und YouTube sind ein hochaktuelles Ereignis. Wenn Sie also zu Ihren Freunden oder sozialen Netzwerken streamen möchten, können Sie geeignete Medien mit einem gut geformten Publikum planen, das im Rahmen eines progressiven Prozesses aufgebaut werden kann, aber Sie fragen sich vielleicht, ob Sie zu viel investieren sollten.

Der Prozess für das Streaming ist einfach, durch einen Laptop wird dies eine Realität, das ist der Weg zu beginnen, müssen Sie nur wissen, die minimale Software-und Hardware-Anforderungen für Sie, um Ihren Computer für diesen Zweck zu verwenden, wie es ist ein Weg, der funktioniert und Sie können es zu Ihrem Vorteil zu kombinieren oder verwenden Sie es als Eingabe-Hardware.

Die Anforderungen, die Sie für diese zu überwinden ist, um eine CPU, die Intel Core i5-4670 ist, oder eine, die gleichwertig zu AMD ist, ebenso zählt die Höhe der Speicher, wie es 8 GB DDR3 SDRAM sein muss, mit einem Windows 7 Home Premium-System, wo meist müssen Sie die Anforderung der CPU für die wichtigste Komponente zu priorisieren.

Das Übertragungsverfahren hängt auch vom Alter des Computers ab, ebenso wie die CPU-Geschwindigkeit. Mit dem i5-4670 haben Sie also eine Haswell-CPU mit mindestens 3,4 GHz, diese CPUs in Computern laufen normalerweise langsamer, da sie unter bestimmten Wärme- und Leistungsbeschränkungen leiden.

Aber diese Eigenschaften sind kein ausschließlicher Grund für das Streaming, solange die entsprechende Konfiguration praktiziert wird, ist der erste Schritt die Auswahl zusätzlicher Hardware, denn ausgehend von der Behauptung, dass ein Laptop in der Lage ist, eine ganze Reihe von Anforderungen für das Streaming zu erfüllen, muss man weitere Punkte abdecken.

Die Frage des Tons darf nicht vernachlässigt werden, dafür ist es am besten, auf ein externes Mikrofon zu setzen, das ist wichtig, damit die Zuschauer keine Störungen oder Beschwerden bekommen, das gleiche gilt für die Grafiken, diese müssen die niedrige Qualität überwinden, ohne die Flüssigkeit einer komprimierten Sendung zu verlieren, damit es keinen verzögerten Punkt gibt.

Diese Hardware sollte ein Hilfsmittel sein, um ansprechende Kommentare in bestmöglicher Qualität zu liefern, damit sich kein Nutzer langweilt oder aus der Sendung aussteigt, da einige einfache Mikrofone, die in PCs oder Kopfhörern eingebaut sind, weit hinter den Erwartungen zurückbleiben können.

Die meisten Streamer entscheiden sich für das Blue Yeti, weil es als vollwertiges Mikrofon funktioniert und somit mehr als

90% des Tons in jedem Stream abdeckt. Wenn Sie ein kleines Budget haben, können Sie sich für das SnowBall entscheiden, wo Sie einen kompakten Audio-Typ anbieten können, für die Hälfte des Preises ist es akzeptabel.

Die Verwendung dieser Art von Mikrofonen bei jeder Übertragung erleichtert den gesamten Übertragungsprozess, und solange es sich um Geräte handelt, die über einen USB-Anschluss verwendet werden können, steht Ihnen alles zur Verfügung, so dass Sie das Studio überallhin mitnehmen können, wo Sie wollen.

Das Wichtigste ist, dass der Ton nicht durch ein Hardware-Problem beeinträchtigt wird, können Sie versuchen, mit was auch immer Geräte, die Sie wollen, solange es extern ist, das nächste, was zu versuchen oder zu decken ist die Internet-Verbindung, kann es etwas dumm sein, aber die empfohlene Maßnahme, die Sie schauen sollten, um zu decken ist das Minimum 2 Mbps Upload-Bandbreite in 720p zu übertragen.

Ein nützlicher Tipp ist, sich für eine kabelgebundene Verbindung zu entscheiden, damit Sie Stabilität im Netz haben, da WiFi mehr Störungen aufweist, die Ihre Übertragung fragmentieren können, aber es hängt alles davon ab, wie sicher Sie mit Ihrer Internetverbindung sind, was der Software entspricht, die durch verschiedene Alternativen abgedeckt werden kann.

Ein Maß an Software, das Sie implementieren können, ist Nvidias GeForce Experience Share sowie die Premium-Optionen, die als XSplit bekannt sind. Üblich ist jedoch die Verwendung von OBS, Open Broadcaster Software, die völlig kostenlos ist und deren Funktionen Teil der Open-Source-Qualität sind.

Die Verwendung dieser Tools ermöglicht eine ausgewogene Leistung, und es ist einfach, jede Art von Konfiguration vorzunehmen, so dass Sie mehr Möglichkeiten für reibungslose Übertragungen haben, zumal OBS Ihnen zur Verfügung steht, indem Sie es einfach einschalten, weil Sie alle Szenen haben, die Sie brauchen.

Die Einfachheit einer Hauptszene, wie z. B. eines Spiels, mit einer Mischung aus erklärenden Bildern, Webcam-Projektion Ihres Gesichts und Audioeingabe über das Mikrofon, ist eine Einfachheit, die auf einem einzigen Bildschirm angezeigt wird, wo Sie nicht die Kontrolle verlieren, um Schnitte zu machen und dann fortzufahren.

In jeder Szene können Sie eine Vielzahl von Quellen sowie eine Vielzahl von Organisationen verwenden, mit einer einfachen Platzierung des Typs, so dass Sie nichts verpassen, wenn Sie ein Audio-Eingabegerät wie ein Mikrofon hinzufügen möchten, klicken Sie einfach auf das "+"-Zeichen.

Dieser Prozess wird mit jeder Art von Software wiederholt, so dass es einen einfachen Weg in der Theorie genannt wird, das Menü ermöglicht es Ihnen, zu ändern und nahtlos zu integrieren, wo Sie nicht verpassen sollten die Quelle, die Ihnen helfen, den Screenshot zu integrieren, dies wiederum ermöglicht es Ihnen, zu ändern und erstellen Sie die Szenen des Spiels, die mehr auffällig sind.

Um diesen Prozess durchzuführen, müssen Sie die Streaming-Taste verwenden, um alle Einstellungen zu speichern und einfach anzugeben, dass das Streaming gestartet werden soll, und alles kann per Vorschau überwacht werden. Falls Sie testen möchten, was ein Stream auf Ihrem PC erfordert, können Sie den Stream mit einem "?" starten, so dass der Stream gesendet wird, aber nicht auf dem Kanal angezeigt wird, und auf diese Weise können Sie Fehler erkennen.

Wenn Sie über die OBS-Software streamen, werden möglicherweise einige Ressourcen Ihres PCs beansprucht.

Dies kann über die Video-Optionen reduziert werden, so dass Sie die Qualität der Streaming-Ausgabe verringern können; Sie können 720p als akzeptable Einstellung festlegen und die Rate von 30 Bildern pro Sekunde verwenden.

Eine weitere Einstellung, die Sie ändern können, ist die Prioritätseinstellung, die nicht auf hoch eingestellt ist, sondern im erweiterten Bereich der Konfiguration, andere voreingestellte Details für langsamere CPUs gewählt werden können, sogar die Hardware-Codierung kann für bessere Ergebnisse geändert werden.

Sie sollten jedoch nicht alle Funktionen einschränken, damit die Software ordnungsgemäß funktioniert. Die Deaktivierung der Vorschau ist zwar eine weitere Möglichkeit, um nicht so viele Ressourcen zu verbrauchen, aber Sie sollten darüber nachdenken, mehr Leistung für die Übertragungen bereitzustellen, wenn das Konto fortschreitet.

Die Frage der Leistung hat viele Seiten, denn viele bevorzugen einen Spielecomputer, und andere mit einem anständigen Computer können mit Übertragungen auskommen, es hängt alles davon ab, wie Sie sich am besten arbeiten, so dass das Beste, was zu tun ist, um es auszuprobieren, bis Sie den letzten Schritt in Übertragungen machen.

- **Dell XPS 13 mit Intel HD-Grafik**

Wenn man über das Streaming über einen Laptop nachdenkt, kann die zusätzliche Intel HD-Grafik für Neugier und Kontroversen sorgen, nicht zuletzt, weil sie eine größere Portion Geduld erfordern kann, weil das Fehlen der Grafik ein Nachteil für die Hardware-Codierung und die GPU ist, weil sie für jedes Spiel zu 100% gesättigt ist.

Je nach Spiel und Art des Streamings können Sie den Test mit 720p beginnen, d. h. Sie arbeiten mit einer der niedrigsten Einstellungen. Diese Möglichkeit hilft Ihnen, sich an die Kapazität des Geräts anzupassen, aber dennoch den Durchschnitt zu ermitteln, wie viele fps Sie erreichen können, damit Sie sehen können, wie stark es beeinflusst wird.

Wenn man es schafft, eine leichte CPU zu haben, kann man einen Laptop haben, der zur Wiedergabe und Übertragung fähig ist und die Grenzen von 30 fps, die er tolerieren kann, auferlegt, was dazu führt, dass keine Unterbrechungen während der Übertragung entstehen, aber was passiert, ist, dass man die Kompression des Videos in einigen Szenen bemerkt, aber in Anbetracht des Niveaus, ist es akzeptabel.

Sie müssen mit grafischen Mitteln experimentieren und investieren, denn auf diese Weise erhalten Ihre Sendungen den Wert, den Sie erwarten, um die Aufmerksamkeit des Publikums zu erlangen, so dass Sie nicht im Nachhinein ein Verständnis aufbringen müssen oder viel weniger.

- **Xiaomi Pro - Nvidia MX150**

Es ist bekannt als ein Xiaomi Pro Ultrabook, dass ein i5-8250U Qualität CPU hat, zusätzlich zu den vier Kernen, und 8 GB RAM, in Bezug auf die Grafik hat es Nvidia MX150, so dass Sie einen Treiber, der in der Lage ist, Ihre Erwartungen zu übertreffen haben, ist die MX150 für eine mobile Version von der GT 1030 bestimmt.

Diese Art von Qualitäten bieten, was eine GPU nicht integrieren kann, und das alles verpackt in einem ultradünnen Ultrabook. Dieser Zugang bedeutet, dass es Hardware-Codierung verwenden kann, um eine gute Streaming-Qualität zu liefern, und ermöglicht es Ihnen, Ihre eigenen Inhalte so hoch zu schieben, wie Sie es wollen.

Über den gesamten Bereich der Grafikoptionen bietet er 1080p-Qualität, diese Leistung wird durch eine ähnliche 720p-Leistung ergänzt, obwohl der Betrachter eine bessere Erfahrung auf dem Stream erhält, ohne dass die

Kompression überspringt, so dass eine 60 fps-Einstellung ohne Einschränkungen oder spürbare während Szenen akzeptiert wird.

Für 720p-Übertragungen reicht ein Ultrabook mit einem dedizierten Low-End-Grafikprozessor aus, damit das Streaming in hoher Qualität und mit optimierter Leistung angezeigt werden kann.

- **Die Verwendung von Laptops für Videospiele**

Sie können versuchen, einige Computer, die zur Unterstützung von Spielen ausgerichtet sind, da dies garantiert eine bessere Reaktion, plus sie unterstützen alle Arten von Upgrades, die Übertragung Raum wird durch gute Ausrüstung, die Macht hat gesichert.

Einige Computer, die Sie versuchen können, mit voller Empfehlung ist die GL62M-7REX, obwohl es eine niedrige Übertragung bieten kann, wenn im Vergleich zu einem Computer, der eine Mid-Range-GPU hat und ist modern, aus diesem Grund zu übertragen von einem Laptop, können Sie verschiedene Alternativen, um dies einfacher und leichter zu machen finden.

Darüber hinaus können Sie freie Software verwenden, um jeden Sendezweck zu erfüllen, und mit einer geringen Konfiguration zusammen mit einigen Hardwarefunktionen können Sie brillante Ergebnisse erzielen, um Ihrer Gemeinschaft das richtige Image zu geben.

Tricks für die Aufnahme epischer Momente auf Twitch

Wenn man sich einen Twitch-Kanal anschaut, findet man immer ein Stück Inhalt, das man teilen möchte oder das schockierend ist. Egal, was einem ins Auge fällt, man kann einen Screenshot machen, um diese besonderen Momente oder Szenen zu teilen, das ist einfach und wird immer beliebter.

Mit der Clip-Funktion von Twitch ist das ganz einfach, denn mit nur wenigen Klicks können Sie die Höhepunkte eines beliebigen Kanals, den Sie gesehen haben, anzeigen, aber diese Funktion steht nur Abonnement-Kanälen zur Verfügung:

1. Legen Sie den Twitch-Kanal, die Sie gewählt haben, dann überprüfen Sie, ob es die Clips Option zur Verfügung, weil es für einige Konten begrenzt ist, um zu überprüfen,

müssen Sie für die lila Abonnement-Taste zu starten, auch Clips können auf Live-Inhalte erhalten werden, und es funktioniert nicht mit Pre-Recorded Content.

2. Bewegen Sie den Mauszeiger über den Videoplayer und klicken Sie unten rechts auf das Clip-Symbol, damit ein 30-sekündiger Videoclip in einem neuen Tab startet. Je nach Twitch-Modus haben Sie bis zu 25 Sekunden Zeit, bevor Sie klicken, und 5 Sekunden danach.

3. Klicken Sie auf die Registerkarte, um den soeben aufgenommenen Clip zu sehen. Dann können Sie die Schaltflächen einiger sozialer Netzwerke wie Twitter, Facebook und Reddit nutzen, um den Inhalt zu teilen, oder Sie können den Link kopieren und versenden.

Wie man ein Publikum auf seinem Twitch-Konto aufbaut

Twitch beherbergt auffallend viele Prominente, da die Plattform wie keine andere die Möglichkeit bietet, Inhalte zu monetarisieren und zu entwickeln, und diese Freiheit beim Streamen ist etwas, das sich die Fans dieser Art von Inhalten gewünscht haben, wobei ein eleganter Stil und eine Vielfalt von Themen beibehalten werden.

Die besten Streamer widmen sich ihren Konten mit einem hohen Maß an Professionalität, aber was die Nutzer am meisten lieben, ist ihre Persönlichkeit, mit der sie Inhalte erzählen oder entwickeln. Es gibt also immer noch Platz für viele Konten, solange man sich der Originalität und einer anderen Art, das Thema zu erzählen, widmet.

Das Profil, das man erfüllen muss, um eine Community zu bilden, ist das eines Streamers, der bescheiden und freundlich ist und vor allem viel Wert auf Interaktion legt, denn die Behandlung, die man im Chat erfährt, hat einen wichtigen Wert für jede Community, daher ist es eine Pflicht, Menschen als das Wertvollste im Account zu behandeln.

Aber das Wachstum des Publikums hat auch mit den Komponenten oder Details der Übertragung zu tun, dies hat den Namen der Lieferung auf; Pünktlichkeit, Präsenz, Interaktion, Konsistenz und Skill, das sind die Punkte, die Sie auf einen echten Namen zu schaffen konzentrieren müssen.

Auf Twitch kann man es weit bringen, vor allem, wenn man alle Wachstumsmöglichkeiten ausschöpft, z. B. eine Partnerschaft eingeht und den Nutzern schließlich einige Vorteile bietet, um ein monatliches Abonnement zu schaffen, das Exklusivität schafft und gleichzeitig ein Zeichen oder Symbol für Einkommen für Sie ist.

Unabhängig davon, welches Niveau Sie als Streamer haben, sollten Sie versuchen, sich zu verbessern und alle Aktionen, die in diesem Medium im Trend liegen, in die Praxis umzusetzen. Sie können diese Empfehlungen berücksichtigen, um Ihr Konto zu skalieren:

- **Finden und definieren Sie Ihre Nische**

Um in einem Umfeld mit 2 Millionen Streamern herauszustechen, muss der erste grundlegende Schritt darin bestehen, eine gute Idee oder ein gutes Thema zu entwickeln, das sich gleichzeitig von den anderen unterscheidet, da es wahrscheinlich bereits von einem anderen Account behandelt wird, also muss man sich auf etwas Bestimmtes spezialisieren, das man übertragen kann.

Obwohl jedes Thema, das du wählst, von dir vollständig beherrscht werden muss, kannst du auf diese Weise Qualitätsinhalte entwickeln, um die Wertschätzung der Zuschauer zu gewinnen und ihnen zu vermitteln, dass sie auf dich zählen, ist es notwendig, Spaß, Lachen, Unterhaltung und vor allem Interesse zu verbreiten, damit sie dir weiter zuschauen, all dies unter der Natürlichkeit.

- **Seien Sie konsequent**

Es ist wichtig, dass Sie Ihr Konto konsistent halten, denn so werden Sie von den Nutzern wie eine Fernsehsendung behandelt und eingeplant. Jedes Mal, wenn Sie live gehen, können Sie einen Zeitplan erstellen, so dass es einfach ist, dafür zu werben und die Nutzer sich daran erinnern, es zu sehen, ohne Werbung zu sehen.

- **Allianzen bilden**

Ein großer Teil des Erfolges der Streamer sind die Partnerschaften, denn es ist eine Möglichkeit, einen Sinn für Humor zu teilen und zu multiplizieren, und es erhöht auch die Interaktion zwischen den Nutzern, weil beide Gemeinschaften verschmelzen, so dass ein Stream mit jemandem mit bemerkenswerten Leistungen oder sogar einer Berühmtheit zu Ihrem Thema ein hohes Maß an Verkehr anzieht.